中国氦气发展研究报告

China Helium Development Research Report | 2024

张宇轩　周俊林　李玉宏　等编著

北　京

冶金工业出版社

2024

图书在版编目（CIP）数据

中国氦气发展研究报告 . 2024／张宇轩等编著 . —北京：冶金工业出版社，
2024. 6. —ISBN 978-7-5024-9898-6

Ⅰ. F426. 22

中国国家版本馆 CIP 数据核字第 2024132VK4 号

中国氦气发展研究报告 2024

出版发行	冶金工业出版社	**电　话**	（010）64027926
地　　址	北京市东城区嵩祝院北巷 39 号	**邮　编**	100009
网　　址	www. mip1953. com	**电子信箱**	service@ mip1953. com

责任编辑　曾　媛　美术编辑　彭子赫　版式设计　彭子赫
责任校对　王永欣　责任印制　禹　蕊
北京富资园科技发展有限公司印刷
2024 年 6 月第 1 版，2024 年 6 月第 1 次印刷
787mm×1092mm　1/16；2 印张；17 千字；22 页
定价 50. 00 元

投稿电话　　（010）64027932　投稿信箱　tougao@cnmip. com. cn
营销中心电话　（010）64044283
冶金工业出版社天猫旗舰店　yjgycbs. tmall. com
（本书如有印装质量问题，本社营销中心负责退换）

《中国氦气发展研究报告 2024》
编 委 会

主　编　张宇轩　周俊林　李玉宏

　　　　　牛亚卓　魏建设　吕鹏瑞

　　　　　许海红　张　乔　韩　伟

顾　问　李建星　唐金荣　郭焦锋

前 言

氦是已知熔点和沸点最低的元素，同时具有低密度、低溶解度、高导热率、强化学惰性等特殊的物理和化学性质，广泛应用于液体燃料火箭、载人深潜、第四代核反应堆、高端芯片制造、量子计算机、核磁共振、现代精密分析仪器等高新技术领域，是中国进一步走向"深空、深海、深地、深蓝"不可或缺的重要战略性稀有气体资源。

氦主要由放射性元素铀、钍衰变产生。目前，世界工业利用的氦气资源主要来源于富（含）氦天然气藏，按其氦气含量（体积分数，下同）可分为富氦天然气（≥0.30%）、高氦天然气（0.10%至<0.30%）、低氦天然气（0.03%至<0.10%）、贫氦天然气（<0.03%）4种资源类型。其中，富氦和高氦天然气可直接提氦利用，低氦天然气可联产提氦综合利用。按氦气储量规模可分为特大型（≥2.5亿立方米）、大型（0.25亿立方

米至<2.5亿立方米)、中型（0.025亿立方米至<0.25亿立方米)、小型（<0.025亿立方米)。

近年来，世界氦气年产量总体保持在1.6亿立方米左右，而年需求量约为2亿立方米，供需矛盾突出。中国氦气资源勘查力度不断加大，前景良好，同时国内需求增长强劲，产业链正在逐步建立，但在资源、技术和政策方面仍存在一些制约氦气产业高质量发展的短板。发布《中国氦气发展研究报告2024》，旨在通过全面梳理国内外氦气产业发展现状，提出对中国氦气产业发展的展望，以期凝聚广泛共识，汇集多方力量，着眼国内和国际两个市场，加强国际合作，聚焦氦气资源全产业链建设，推动中国氦气产业高质量发展，保障国家经济社会发展需求。

目　　录

一、世界氦气发展现状

随着高新技术产业的快速发展，氦气资源的需求长期保持增长，近年来世界氦气产量总体稳定，供需矛盾日益凸显。美国在氦气资源端、技术端和贸易端长期居于世界领先地位，而其他许多国家也在不断推进氦气的勘查开发，出现了"氦热潮"，有望改变世界氦气供应格局。

（一）世界氦气资源分布相对集中，勘查开发主体呈多元化态势

世界氦气资源相对集中，主要分布在美国、卡塔尔、阿尔及利亚、俄罗斯等少数国家，其资源量占世界氦气总资源量的87.19%。截至 2023 年底[①]，世界氦气总资源量约 484 亿立方米。其中美国氦气资源量为 171 亿立方米，占世界总资源量的35.33%；卡塔尔氦气资源量为 101 亿立方米，占世界总资源量

---

① 数据来源于美国地质调查局（USGS）。

的 20.87%；阿尔及利亚氦气资源量为 82 亿立方米，占世界总资源量的 16.94%；俄罗斯氦气资源量为 68 亿立方米，占世界总资源量的 14.05%。世界氦气总探明储量约为 121 亿立方米，美国、阿尔及利亚、俄罗斯三国氦气总储量占世界已公布探明储量的 99.60%。其中美国氦气储量为 85.61 亿立方米，占世界总储量的 70.68%；阿尔及利亚氦气储量为 18 亿立方米，占世界总储量的 14.88%；俄罗斯氦气储量为 17 亿立方米，占世界总储量的 14.05%。卡塔尔氦气资源主要来自液化天然气（LNG）尾气（闪蒸气，BOG）提纯回收，资源量巨大但无高品位氦气储量。根据前苏联储量标准，俄罗斯氦气总储量为 187.6 亿立方米[①]，远高于美国地质调查局的统计数据（17 亿立方米），俄罗斯氦气资源勘探开发或将改变世界氦气资源格局。

近十余年，国际氦气市场反复出现供应短缺，导致氦气备受关注。世界氦气勘查开发主体日益多元化，涌现出大量氦气公司，一些具有油气勘探或采矿背景的公司已开始关注并投入氦气勘探，积极布局氦气产业。有 30 余家初创公司在美国西南部、加拿大萨斯喀彻温省和阿尔伯塔省、坦桑尼亚、澳大利亚和南非等国家或地区从事氦气勘探，出现"氦热潮"。总体来说，世界氦气资源勘查程度较低，但潜力巨大。

---

① 该储量数据依据前苏联储量标准（A+B+C_1+C_2）。

（二）近年世界氦气产量总体稳定，未来供应格局或将三分天下

20 世纪末至 21 世纪初，世界氦气年产量总体稳步增长，年产量为 0.85 亿~1.75 亿立方米。2012—2022 年，世界氦气年产量基本趋于平稳，总体保持在 1.60 亿立方米左右。2023 年世界氦气年产量 1.70 亿立方米。美国是目前世界第一大氦气生产国。2012 年之前，美国氦气年产量接近世界总产量的 80%；2012—2022 年，美国氦气产量从 1.33 亿立方米减至 0.75 亿立方米，产量减少逾 40%。2023 年美国氦气产量为 0.79 亿立方米，占世界氦气总产量的 46.47%。受此影响，世界氦气供需预期呈紧平衡态势，价格快速大幅抬升。卡塔尔、阿尔及利亚和俄罗斯也是重要的氦气供应国。卡塔尔近年来氦气产量增长较快，由 2012 年的 0.13 亿立方米（占世界总产量的 7.47%）增长为 2023 年的 0.66 亿立方米（占世界总产量的 38.82%），已成为世界第二大氦气供应国。阿尔及利亚 2023 年氦气产量为 0.10 亿立方米，占世界氦气总产量的 5.88%。俄罗斯也是较早开发氦气的国家，但年产量基本稳定在 0.03 亿立方米，2023 年约为 0.08 亿立方米，占世界氦气总产量的 4.71%。加拿大 2023 年氦气产量约为 0.04 亿立方米，占世界氦气总产量的 2.35%。波兰氦气年产量约为 0.03 亿立方米，占全球氦气总产量的

1.76%。澳大利亚 2023 年氦气产量均为 0.01 亿立方米，占世界氦气总产量的 0.59%。

随着卡塔尔和俄罗斯的大型项目的建设和投产，两国新增氦气产量进入市场，可能导致氦气市场供应大量增加，世界氦气供应格局将进入"美、卡、俄"三分天下的新阶段。2021—2023 年，俄罗斯阿穆尔 1 期（Amour-1）和伊库茨克提氦厂等工厂相继投产。2024—2030 年，俄罗斯阿穆尔 2 期、阿穆尔 3 期、雅拉克塔，卡塔尔拉斯拉凡 3 期（Ras Laffan-3）、拉斯拉凡 4 期、拉斯拉凡 5 期，阿尔及利亚提氦厂和坦桑尼亚氦一号等工厂计划陆续投产，世界氦气产能预计增加 1.5 亿立方米。与此同时，受美国氦气储备量减少等因素影响，美国氦气产量份额由 2012 年的 76.44%下降至 2023 年的 46.47%，预计未来十年将下跌至 20%以下。按此趋势预测，世界氦气供需格局必将迎来深刻调整。预计 2030 年左右，世界氦气供应市场将由单极走向多元，氦气供应的 75%将来自卡塔尔、俄罗斯和阿尔及利亚。

（三）世界氦气需求结构不断调整，亚太地区氦气需求迅速增长

2007 年以来，氦气在高端制造业、低温超导、第四代核反应堆冷却等领域的应用大幅增加，需求量以每年 4%~6%的速

度增长，出现供不应求的局面。目前，世界氦气主要应用于核磁共振（占比32%）、半导体和光纤（占比18%）、举升气（占比18%）、焊接保护气（占比13%）、检漏气体（占比4%）、呼吸气（占比2%）和其他领域（占比13%）。

目前，世界氦气年需求量2亿立方米左右，其中亚太地区占47%、北美地区占24%、欧洲占20%、其他地区占9%。亚太地区氦气资源供应缺口最大，其中，中国2023年氦气消费量2565万立方米，在亚洲氦气需求中所占份额最大（约42%），其次是韩国（消费量1300万立方米）和日本（消费量1100万立方米）。世界5G、半导体、航空航天、量子计算等高科技领域的高速发展，将进一步加大对氦气的需求，预计2025年需求量将达到2.11亿立方米，其中亚太地区需求占比会进一步加大，特别是中国、韩国、日本和印度等国。俄罗斯相关机构预测结果显示，2030年世界氦气需求量将达到2.2亿~3.0亿立方米，如果不进行新区块的勘探和开发，彼时氦气产量将下降到1.34亿立方米，供需缺口将达1亿立方米左右。

（四）美国长期主导世界氦气贸易，欧美大公司控制氦气供应链

氦气产业是处于快速发展阶段的新兴产业，2022年世界氦

气市场规模达 44.5 亿美元。据 FMI（Future Market Insights）预测，2028 年将达到 65.97 亿美元。目前，世界氦气贸易主要由国际大公司和油气寡头主导，掌握着世界氦气贸易市场的 75% 以上份额。林德（Linde Plc）、液化空气（Air Liquide）、空气化工（Air Products & Chemicals）三大氦气供应商占据了全球约 70% 的市场份额，分别占据世界氦气供应约 30%、20% 和 10%。

美国主导世界氦气贸易的历史由来已久，也是世界上最早开展氦气产业政策研究和立法保护的国家。美国掌控着世界氦气贸易的绝对话语权，不仅体现在美国本土氦气资源量、储量和产量的世界占比，而且体现在对世界氦气产业链、供应链的控制。世界超过半数的主要高纯工业氦气供应商、氦气压缩机生产商被美国技术、资本掌控。除俄罗斯外，其余国家氦气资源配置基本由欧美资本主导。国际上氦气供应主要由林德、液化空气、空气化工等国际气体公司通过长期贸易协议完成额度分配。

随着氦气需求不断增加和美国氦气产量持续下降，世界氦气供需矛盾愈发突出，氦气价格随之出现巨大波动。卡塔尔虽是仅次于美国的第二大氦气生产国，但由于卡塔尔的提氦设备和技术受林德、液化空气等公司掌控，其销售亦受其制约。

（五）世界氦气勘探理论不断创新，欧美公司技术装备长期领先

寻找富（含）氦天然气是氦气工业生产的先行工作。目前，世界氦气资源勘查投入不断加大，针对富（含）氦天然气成藏规律的专门研究持续升温，有别于烃类天然气的勘探理论技术逐步建立。

世界工业氦气生产主要来源于天然气直接提氦和 LNG-BOG 提氦。世界氦气分离、提纯、液化储存等技术装备相对成熟，美国、卡塔尔、阿尔及利亚、澳大利亚等主要产氦国的氦气提纯和液化技术装备均由空气化工、液化空气和林德等少数跨国公司提供。上述公司在大型提氦厂的投资建设、资源配置、关键装备制造及认证等均具有较强话语权。

二、中国氦气发展现状

中国氦气资源分布广泛，资源潜力较大，但勘探开发程度低。在高新技术产业快速发展的带动下，中国氦气需求旺盛，但氦气生产能力长期较低，对外依存度长期居于高位，氦气资源保障面临挑战。近年来，中国氦气勘查理论研究不断深入，不同类型氦气资源的勘探、开发及利用技术持续取得进展。总体来看，中国氦气产业整体处于加速发展阶段，氦气资源勘查开发、提取利用等关键技术较快发展，氦气产业链正在逐步形成。

（一）中国氦气资源分布较为广泛，氦气资源勘查力度明显加大

中国氦气资源分布广泛、层位众多、类型多样，分区、分带特征明显，资源前景良好。近年来，中国氦气资源勘查力度不断加大，重点围绕克拉通边缘隆起带和裂谷带、深大断裂周缘盆地等开展了氦气调查研究和勘探工作，相继在多个盆地、多套层系发现多种类型的氦气资源。据中国地质调查局氦气调

查研究团队预测，中国氦气（氦含量≥0.03%）地质资源量可达 120 亿立方米以上，可采资源量可达 40 亿立方米以上，资源主要分布在鄂尔多斯及周缘盆地、塔里木盆地、四川盆地和柴达木盆地。"十四五"时期以来，自然资源部油气战略研究中心牵头开展中国氦气资源评价，在鄂尔多斯盆地、塔里木盆地、柴达木盆地和四川盆地先后落实多个富氦—高氦天然气田，但整体而言，中国富氦天然气资源有限，以低含氦和贫氦天然气资源为主。

西部地区塔里木盆地巴楚—麦盖提隆起及周缘的和田河、阿克莫木气田氦气含量达到富（高）氦天然气级别；柴达木盆地阿尔金山山前隆起带和马海—大红沟隆起带分别发现了东坪富氦天然气田和尖北、马北高氦天然气田。中部地区四川盆地乐山—龙女寺古隆起的威远气田是中国首个实现氦气提取利用的天然气田，氦气含量达到富（高）氦级别；鄂尔多斯盆地北部多数气田为低氦天然气（0.03%~0.05%），仅东胜等少数气田达到高氦天然气级别，虽然整体上未发现富氦天然气田，但氦气综合提取利用前景良好；汾渭盆地是目前氦气资源调查研究的热点地区之一，该盆地水溶富氦天然气广泛分布，游离态富氦天然气局部富集，目前已圈定了 3 处氦气远景区和 2 处有利区，并在晋中地区发现铝土岩型富氦天然气新类型。东部地区郯庐断裂带周缘含油气盆地也发现了多个富（高）氦气天然气藏，分别位于松辽盆地北部、渤海湾盆地济阳坳陷、苏北盆地黄桥地区，且以小型非烃类气藏为主。

（二）LNG-BOG 提氦产能建设加速，中国氦气产量有较快增长

中国天然气提氦始于 20 世纪 60 年代的威远提氦试验 I 装置，设计日处理天然气 5 万立方米，年氦气生产能力约 2 万立方米。2012 年，在四川省荣县东兴场镇重新建成天然气提氦装置，年产氦气约 5 万立方米。2021 年随着中国 LNG-BOG 提氦技术与产能建设较快发展，年产量快速增至 130 万立方米，2022 年达 200 万立方米左右，2023 年进一步提升至 270 万立方米左右。

中国以 LNG-BOG 提氦为主的提氦装置建设正在快速发展。目前，国内多家企业在鄂尔多斯盆地北部已建成氦气年产能 230 万立方米，在鄂尔多斯盆地周缘、塔里木盆地和四川盆地等积极布局氦气产能。

（三）中国氦气资源消费增长强劲，华东地区为氦气主力消费区

中国氦气消费增长强劲，过去十年年均增长 6%。2014—

2018 年，中国氦气消费量持续增长，消费量从 2014 年的 1537 万立方米增至 2018 年的 2346 万立方米，市场规模也逐步扩大。2019 年以后氦气市场理性回调，且受疫情等影响，氦气需求有所回落，2019 年、2020 年和 2021 年的消费量分别为 2276 万立方米、2130 万立方米和 2195 万立方米。2022 年消费量较前三年迅速回升，达 2447 万立方米，2023 年进一步增至 2565 万立方米。中国氦气主要应用于核磁共振（消费量为 920.9 万立方米，占比 35.9%）、举升气（消费量为 349.3 万立方米，占比 13.6%）、半导体（消费量为 208.2 万立方米，占比 8.1%）、白色家电（消费量为 149.1 万立方米，占比 5.8%）、汽车制造（消费量为 80.1 万立方米，占比 3.1%）等。

受高端制造企业分布、人口集中度及经济发展水平等因素影响，其中，华东地区有大量核磁共振设备、半导体、光纤、液晶面板、汽车等高端制造企业，是中国氦气消费的最主力地区，氦气消费量占中国氦气总消费量的 32%；其次华北、西北、华南和华中地区是中国氦气消费的第二梯队，受核磁共振、光纤、航空航天等行业拉动，氦气消费量占比分别为 15%、15%、13% 和 11%；西南和东北地区氦气消费相对较少，主要应用于举升气和核磁共振补充液，氦气消费量占比分别为 8% 和 6%。

（四）中国九成氦气长期依靠进口，外资企业主导氦气供应市场

中国氦气长期依靠进口，对外依存度居于高位。近十年，中国氦气进口量呈现先升后降又回升的态势，2014 年中国氦气进口量为 1513 万立方米，2018 年达到峰值 2311 万立方米，2021 年降至 2063 万立方米，2022 年又回升至 2247 万立方米，2023 年进一步上升至 2297 万立方米。2020 年以前，对外依存度长期处于 97% 以上。之后随着中国氦气产量的提升，对外依存度略有下降，2022 年对外依存度为 92%。2022 年，中国氦气进口主要来自卡塔尔（占比 83.7%）、美国（占比 11%）和澳大利亚（占比 4%），少量来自阿联酋、欧盟和阿尔及利亚。2023 年对外依存度进一步降至 89.6%。

截至 2023 年底，中国有近 20 家氦气进口企业，约 83.3% 的进口份额来自外资企业，其中林德、液化空气、空气化工分别占比 21.4%、20.3%、17.7%；岩谷产业株式会社、大阳日酸株式会社和吴江梅塞尔，分别占比 13.8%、6.0%、4.6%。目前，从事氦气进口业务的中国企业主要有广州广钢气体能源股份有限公司（简称"广钢气体"）及上海济阳科技发展有限公司（简称"上海济阳"），占比分别为 10.1% 和 3.1%。目前，天津赛

能气体产品有限公司、天津市东祥特种气体有限责任公司、广东华特气体股份有限公司和北京中科富海低温科技有限公司等都在争取俄罗斯阿穆尔工厂氦气资源长协份额。

得益于便利的港口条件和高端制造产业需求，中国氦气主要进口地区为江苏、上海、广东、浙江、山西、北京、辽宁、天津等。2023 年，江苏省氦气进口量为 685 万立方米，占中国氦气总进口量的 29.8%；上海市氦气进口量为 489 万立方米，占中国氦气总进口量的 21.3%；广东省氦气进口量为 457 万立方米，占中国氦气总进口量的 19.9%；浙江省氦气进口量为 365 万立方米，占中国氦气总进口量的 15.9%。2023 年，吉林省珲春市和黑龙江省黑河市两地陆运口岸打通，为俄罗斯氦气陆运进口提供了先决条件，拓展了新进口通道，也大幅缩减了运输成本。

（五）中国氦气理论技术不断完善，氦气保供能力建设逐步增强

2012 年以来，中国地质调查局西安地质调查中心在渭河盆地和柴达木盆地持续开展了氦气资源调查，提出壳源氦气"弱源成藏、异源同储、多源富集、动态平衡"理论；总结了"有效氦源岩、高效运移通道、适度载体气藏"是氦气成藏的基本条件，并利用稀有气体示踪方法研究了氦气聚集，明确了氦气

富集成藏与天然气（载体气）的关联性与差异性，总结了渭河盆地找矿模型，探索了成藏模式指引勘查方向、重力—电法探测盆地结构（高效运移通道）、化探圈定氦气富集区、磁法识别基底磁性岩体（氦源岩）、地震测量落实有利圈闭、气测录井标定富集层段的氦气调查技术方法，指导了汾渭盆地高品位富氦天然气发现，带动了油气企业开展氦气商业勘查。近年来，国内其他机构也开展了大量的氦气研究，氦气资源的发现明显加快。

近年来，中国各层级科研机构、企业及高校均针对氦气全产业链关键技术设备开展了一系列科技攻关。中国天然气粗氦提取、精制、气氦储运技术已经较为成熟，国产氦气液化器和液氦储罐研制成功，基本可满足规模建设提氦工程的需要。尤其是中国 LNG-BOG 提氦技术与产能建设较快发展，成为中国氦气战略资源保障的重要力量。中国科学院理化技术研究所在国产大型低温制冷技术方面取得突破性进展，实现了中国大型制冷系统从应用基础、关键设备到系统集成技术与能力的全面提升，成功研制出中国首套 LNG-BOG 低温提氦装置，并与多家公司合作建成多条 LNG-BOG 提氦生产线，掌握了高纯氦气和液氦生产的自主关键技术和装备。中国石油天然气股份有限公司研发形成了"膜法提浓+深冷分离"贫氦天然气提取粗氦技术，已建成多个提氦工厂，但部分提氦专用膜仍依赖进口，国产提氦专用膜性能和使用寿命尚需进一步研发和验证。

三、中国氦气产业发展展望

随着中国高新技术产业的快速发展，氦气需求将继续保持较快增长态势，2025 年中国氦气需求量将达 2900 万立方米左右，2030 年达 3700 万立方米左右。中国氦气需求的不断增长为氦气产业快速发展增添了动力。目前，中国氦气产业发展总体正处于快速发展阶段，仍面临氦气资源家底尚未完全摸清，氦气成藏理论、勘查和提氦等技术仍需完善，战略储备、规划和政策法规尚待完善等诸多挑战。展望未来，可通过加大国内氦气资源勘查、联合技术攻关、拓展国际合作、建立资源储备体系和完善政策法规等，推动中国氦气产业高质量发展。

（一）加快实施氦气国情调查工作，夯实氦气产业资源保障基础

立足中国氦气资源现状，按照"有效利用低品位资源是短期氦气保障的现实途径，寻找富氦气藏是中长期氦气资源保障的必经途径"的思路，突出"资源勘查"战略优先地位，通过

"用旧、找新"双轮驱动，分三个层次开展氦气国情调查工作。一是开展中国现有大中型天然气田氦气含量调查，查明各大盆地天然气含氦情况，发现和利用富氦天然气，布局 LNG 与提氦装置，服务低氦天然气有效利用。二是加强与地方政府、企业的合作力度，实施全国氦气资源潜力评价与战略选区，获得不同盆地和区带关键评价参数，优选远景区和有利区，预测资源量，引领油气企业在氦气成藏远景区开展气—氦兼探，寻找富氦气藏。三是以汾渭盆地为重点，实施氦气资源勘查示范工程，开展矿业权空白区氦气独立勘查，兼顾水溶气、铝土岩型富氦天然气等新类型富氦资源勘查，拓展勘查领域和资源类型，支撑全国氦气资源调查评价。通过以上工作，在全面摸清资源家底的基础上，按照资源类型和丰度，提出产业布局规划和资源开发利用方案，为氦气产业链建设提供资源基础保障。

（二）多措并举实施强链补链工程，加强氦气产业发展能力保障

为积极打造自主可控的氦气产业链，实现氦气"探—产—运—储—销"稳健运行和可持续发展，亟待开展强链补链工作，统筹推进氦气产业链三大关键领域"资源—提氦—运储"核心技术攻关和产业合理布局，增强中国氦气保障能力，服务

中国涉氦高新技术产业发展。一是针对大型叠合盆地和裂谷盆地氦气成藏理论、成矿模式等关键地质问题，开展典型富氦天然气田的氦气成因机理、运移富集规律和保存机制研究等基础理论攻关，明确氦气资源富集成藏主控因素。二是开发井下氦气识别和评价的技术方法，着力提高气测录井识别精度，形成地球物理测井识别序列和解释方法。三是加大天然气提氦技术装备研发投入，加快模块化、小型化和高效化氦气提纯装备的研制和产业化应用，重点攻关提氦专用膜研发和低氦天然气提氦技术，提高资源经济价值。四是加强液氦储存等关键技术装备攻关，特别是加大对大容量、长距离运输的液氦储槽的研制，满足国内氦气产业需求。

（三）持续扩大氦气领域国际合作，增强氦气产业链供应链韧性

积极有效应对氦气国际市场变化，围绕俄罗斯、卡塔尔、坦桑尼亚等共建"一带一路"国家开展氦气资源多领域合作，拓展合作空间和供给渠道，维护中国氦气供应链韧性与稳定。一是稳住卡塔尔氦气供应渠道，在技术有效、经济可行的基础上，与卡塔尔氦气和油气生产企业共同探讨氦气开发利用的商业化战略合作。二是加强与俄罗斯氦气产业战略合作，建立长

期稳定的供应关系，逐步形成氦气多元化供应来源。三是积极开拓与坦桑尼亚等其他潜在氦气资源国的合作，共同推进氦气勘探开发、技术研发等，形成新的国际氦气供给渠道。四是加大力度培育中国市场主体，鼓励各大油气公司"走出去"，积极开展氦气国际合作与矿业权投资，加大对广钢气体、上海济阳、广东九丰集团有限公司（简称"广东九丰"）等国内氦气供应商的支持力度，推动其扩大氦气资源进口份额和参与关键技术研发，吸引各类相关企业参与氦气产业链构建。

（四）建立氦气资源战略储备体系，提升氦气资源供应保障能力

中国氦气产量不足且缺口巨大，价格受国际国内勘探开发影响较大，亟待建立氦气资源战略储备体系，提高氦气资源供应保障能力与水平。一是根据中长期氦气在各个领域的需求变化，明确中国氦气储备的规模和分布，增强应对突发事件的能力和水平，同时鼓励相关企业加大储备的力度。二是根据国内开采和国际进口成本，建立国家统购粗氦机制和氦气战略储备体系，形成短、中、长期氦气储备战略规划。三是开展陆域氦气储备地下空间调查评价，进行氦气储备先导试验，建立中国氦气储备库选址、建设、运行标准及管理办法。随着世界各大

提氦工程的陆续投产，世界氦气供应可能由当前的相对紧张转为宽松态势，这将是中国参与国际氦气供应合作的重大机遇。

（五）完善氦气配套政策法规体系，营造良好氦气产业发展环境

一是加快氦气相关政策制度建设。将氦气纳入战略性矿种，将氦气产业纳入战略性新兴产业目录，加强氦气矿业权投放，鼓励社会资本进入氦气勘探开发与提氦设施建设运营领域，对具有一定氦气资源丰度的天然气资源进行综合回收利用，科学保护和合理利用氦气资源。二是完善氦气储量统计管理和全产业动态监管机制。加快制定氦气资源评价相关指标，加强和完善氦气矿产资源储量的统计管理工作，动态监管氦气资源全链条运移情况，对氦气产业链各环节的发展及时提出调控意见。三是完善配套政策。加大市场主体培育力度，将氦气调出中国危险化学品目录及监管体系[①]，给予提氦企业相关政策

---

① 中国危险化学品的定义为具有毒害、腐蚀、爆炸、燃烧、助燃等性质，对人体、设施、环境具有危害的剧毒化学品和其他化学品。而氦气是无毒害、无腐蚀、不燃烧、不助燃的惰性气体，将其调出中国危险化学品目录及监管体系，将有助于减少氦气瓶装物流运输等方面的限制。

支持。四是加快研究氦气出厂、运输、储存、储备、终端市场价格形成机制，综合考虑资源稀缺程度、供需关系和环境成本等，建立健全中国氦气市场价格体系。按照政府管理与市场调控、利用与保护结合的原则，明确氦气资源开发利用、保护、监管等方面职责，科学合理利用国内氦气资源。

结　束　语

面对世界氦气资源产业链格局和产业发展新趋势，以及中国对氦气资源的旺盛需求和极高的对外依存度，中国氦气产业发展挑战与机遇并存。"十四五"时期是着力加强氦气资源调查评价、积极开展氦气补链强链工作、拓展高质量国际合作、加大培育市场主体、推进多元供应体系建设的关键时期。通过打造自主可控的创新链，形成稳定、有韧性的氦气产业链供应链，同时积极完善氦气配套政策法规体系建设，营造良好氦气产业发展环境，必将有力推进中国氦气产业高质量发展。

本报告为自然资源部中国地质调查局氦气调查研究团队首发成果，主要由张宇轩、周俊林、李玉宏等编写完成。报告编写过程中，国务院发展研究中心资源与环境政策研究所、自然资源部油气资源战略研究中心、中国科学院理化技术研究所、中国石油天然气股份有限公司勘探开发研究院、南京工业大学、广东九丰等企事业单位多次组织研讨，为报告编写提出了宝贵意见。诚挚感谢各相关部门、企事业单位及业界专家的大力支持和帮助。

《中国氦气发展研究报告2024》迎来首次发布，旨在搭建一个持续推进中国氦气产业高质量发展的交流沟通平台。报告相关数据来源于国家统计局、中华人民共和国海关总署、自然资源部、美国地质调查局、联合国商品贸易统计数据库、中国工业气体工业协会等政府机构、国际组织、行业协会、数据智库、企业等。相关数据、结论仅供参考，不构成任何投资和决策依据。

由于编者水平所限，报告不足之处，敬请读者批评指正。